Wortschatz üben
Freizeit · Mein Jahr · Feste

Denise Doukas-Handschuh

Wortschatz üben

Freizeit · Mein Jahr · Feste

Ernst Klett Sprachen

Stuttgart

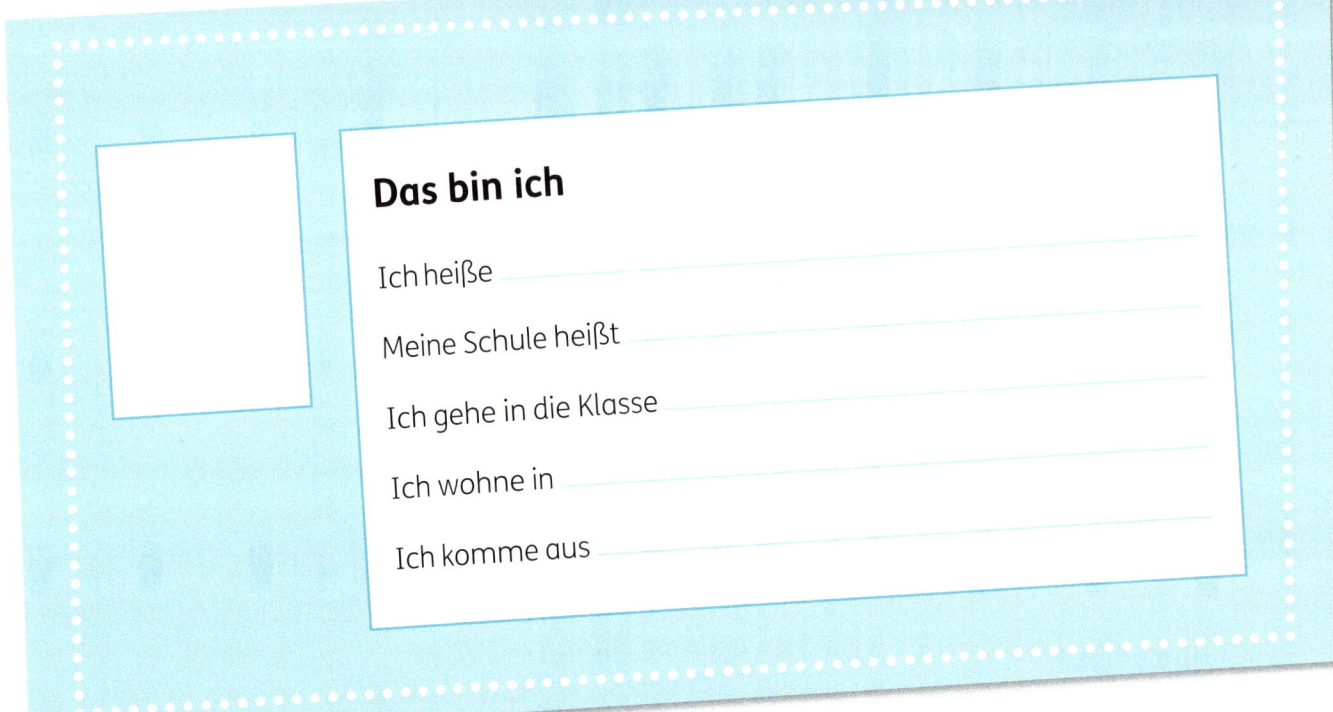

Das bin ich

Ich heiße

Meine Schule heißt

Ich gehe in die Klasse

Ich wohne in

Ich komme aus

Die **Lösungen aller Aufgaben** stehen unter www.klett-sprachen.de/meine-welt
als kostenloser Download zur Verfügung.

1. Auflage   1 10 9 8 7 6 | 2027 26 25 24 23

Autorin: Denise Doukas-Handschuh
Konzept und Redaktion: Nicole Nolte
Layoutkonzeption, Satz und Gestaltung: Sandra Vrabec
Illustrationen: Friederike Ablang, Berlin
Umschlaggestaltung: Sandra Vrabec
Reprografie: Meyle+Müller, Pforzheim
Druck und Bindung: Plump Druck & Medien GmbH, Rheinbreitbach

Printed in Germany
ISBN 978-3-12-674891-9

Inhaltsverzeichnis

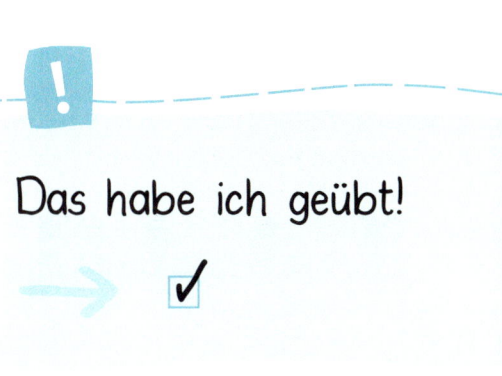

Das habe ich geübt!

→ ☑

Vorwort

Das Heft **Wortschatz üben** möchte Kinder, die Deutsch lernen, auf eine besondere Schatzsuche mitnehmen: Spielerisch und selbstständig können sich die Schülerinnen und Schüler einen ausgewählten Basiswortschatz zu verschiedenen Alltagsthemen erarbeiten und diesen üben.

Im vorliegenden Heft lernen sie Wörter zu den Themenfeldern

Alltag und Freizeit

Jahr, Wetter und Zeit

Feste und Feiern

Diese Kapitel sind noch einmal thematisch untergliedert. Keines der Kapitel setzt Vorkenntnisse voraus. So kann jedes Kind passend zum eigenen Übungs- oder Wiederholungsbedarf bzw. zu den sprachlichen Anforderungen in Alltag und Schule üben.

Mit dem Heft können die Schülerinnen und Schüler in differenzierenden Unterrichtsformen, im Förderunterricht oder zu Hause und weitgehend selbstständig arbeiten.

- **Vor dem Start** – Diese Seiten führen in das Arbeiten mit dem Heft ein. Später dienen sie auch zum Nachschlagen.

- Die Übungen sind einfach und anschaulich illustriert.

- Alle neuen Wörter werden über die Verbindung von Wort und Bild eingeführt, bevor sie in den weiteren Übungen des Unterkapitels vertieft werden.

- In der Regel bieten die Aufgaben die Möglichkeit zur Selbstkontrolle, z.B. über ein Lösungswort. Die Kinder können aber auch die einführenden Übungen abdecken, bevor sie die nachfolgenden Aufgaben bearbeiten, und sie anschließend wieder als Kontrollmöglichkeit nutzen.

- Die Lösungen aller Aufgaben stehen unter **www.klett-sprachen.de/meine-welt** zur Verfügung.

Etwas anspruchsvollere Aufgaben – die „Aufgaben für Profis" – sind mit einem Stern gekennzeichnet. Sie werden von den Schülerinnen und Schülern bearbeitet, die diese Aufgaben bereits bewältigen können.

Am Ende jedes Kapitels gibt es die Doppelseite **Mehr Aufgaben für Profis und Partner**.
Hier finden sich – entsprechend gekennzeichnet – Aufgaben für den einzelnen Schüler und Aufgaben für eine mögliche Partnerarbeit. Hier soll auch die Kommunikation miteinander in den Fokus gerückt werden. Dafür wird den Schülerinnen und Schülern eine Auswahl an Redemitteln zur Verfügung gestellt.

Ideen für das spielerische Vertiefen des Wortschatzes im Plenum finden Sie als Lehrkraft am Ende jedes Unterkapitels, gekennzeichnet durch einen Pfeil. Diese Tipps sind einfach umzusetzen und unterstützen Sie bei der weiterführenden Arbeit mit Lerngruppen bzw. der ganzen Klasse.

Mit **Wortschatz üben** können sich die Schülerinnen und Schüler einen Basiswortschatz erarbeiten, sie lesen und schreiben, und haben die Möglichkeit, den neu erworbenen Wortschatz in den Partneraufgaben oder den Aktionen für die ganze Klasse in einem kommunikativen Rahmen auszuprobieren.

Viel Erfolg auf der Schatzsuche mit **Wortschatz üben**!

Wer nach noch mehr Wortschatz sucht, kann im illustrierten Alltags- und Sachwortschatz **Meine Welt auf Deutsch** fündig werden.

Vor dem Start

Zum Nachschlagen

Wer?

Im Unterricht

Aufgaben: Das sollst du tun.

lesen

→ Lies.

schreiben

→ Schreibe.

nachfahren

sieben

→ Fahre nach.

verbinden

1 ○━━ ○ eins

→ Verbinde.

ankreuzen

→ Kreuze an.

markieren

X	E	I	N	S	O	P
C	V	B	J	K	U	Y

→ Markiere.

eintragen

V	I	E	R
F	Ü		

→ Trage ein.

zuordnen

der

Unterricht

die

Aufgabe

das

→ Ordne zu.

Wichtige Wörter

das Rätsel

das Wort

der Buchstabe

die Zahl

die Lösung

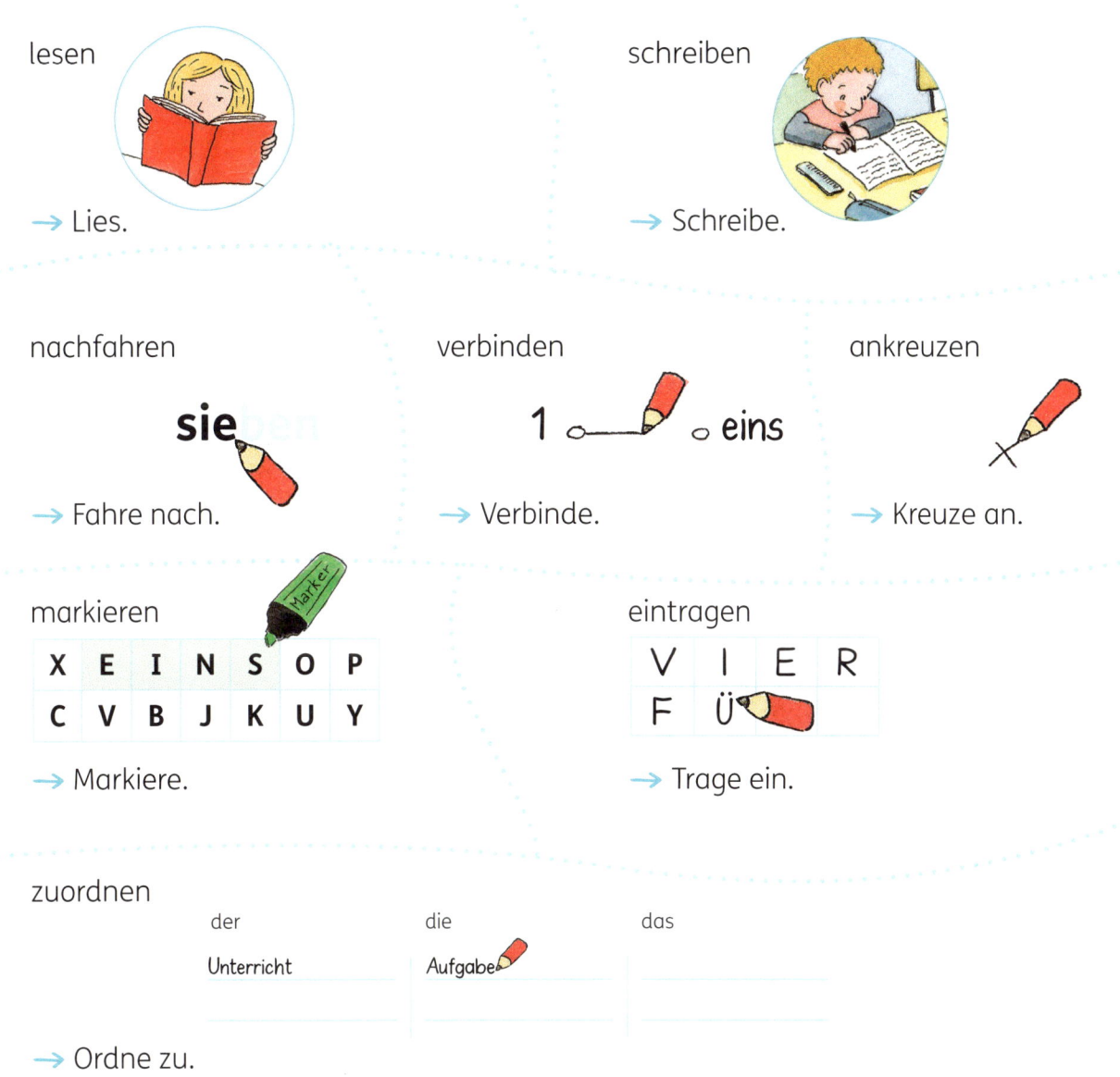

Das Alphabet

ABCDEFGHIJKLMNOPQRSTUVWXYZ

Das Üben üben

1. Die Zahlen von 1 bis 10: Fahre die Wörter nach.

1	2	3	4	5
eins	zwei	drei	vier	fünf

6	7	8	9	10
sechs	sieben	acht	neun	zehn

2. Finde und markiere die Zahlen aus Aufgabe 1.

D	R	E	I	C	A	C	H	T	J	M
X	F	Ü	N	F	P	N	E	U	N	L
V	B	Z	L	K	S	E	C	H	S	E
I	Q	E	M	M	X	Q	G	Ä	Z	I
E	T	H	S	I	E	B	E	N	Y	N
R	Ü	N	J	Z	W	E	I	K	X	S

3. Welche Zahlen sind das? Schreibe richtig auf.

chta   üfnf   ehzn

acht

4. Mehr Zahlen: Fahre die Wörter nach und verbinde.

Lösung: $\underline{S}$ $\underline{}$ $\underline{}$ $\underline{}$ $\underline{}$ $\underline{}$ + $\underline{}$ $\underline{}$ $\underline{}$ $\underline{}$ = zehn
   10 20 30 40 50 60   70 80 90 100

5. Löse das Rätsel.

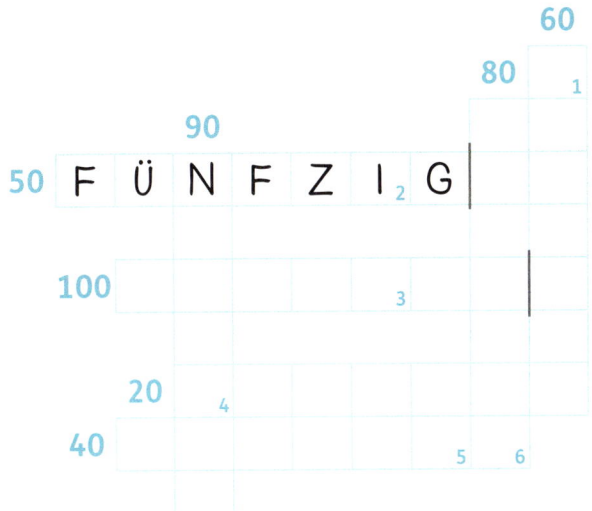

Lösung: $\dfrac{}{1}$ $\dfrac{\text{I}}{2}$ $\dfrac{}{3}$ B $\dfrac{}{4}$ $\dfrac{}{5}$ $\dfrac{}{6}$

6. Trage die Zahlen ein.

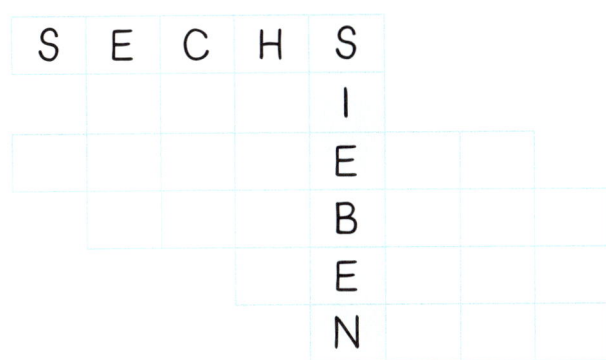

sechs • hundert • zehn • neun • zwei • siebzig

7. Die Zahlen bis 100: Lies und kreuze an.

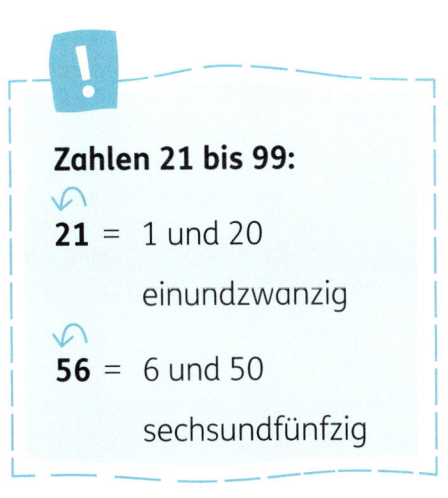

Zahlen 21 bis 99:
21 = 1 und 20
einundzwanzig
56 = 6 und 50
sechsundfünfzig

vierundzwanzig
[X] 24
[ ] 34
[ ] 42

siebenundachtzig
[ ] 88
[ ] 87
[ ] 78

einundneunzig
[ ] 81
[ ] 93
[ ] 91

sechsundsechzig
[ ] 66
[ ] 76
[ ] 16

Der Alltag

1. In der Schule und im Kindergarten: Fahre die Wörter nach und verbinde.

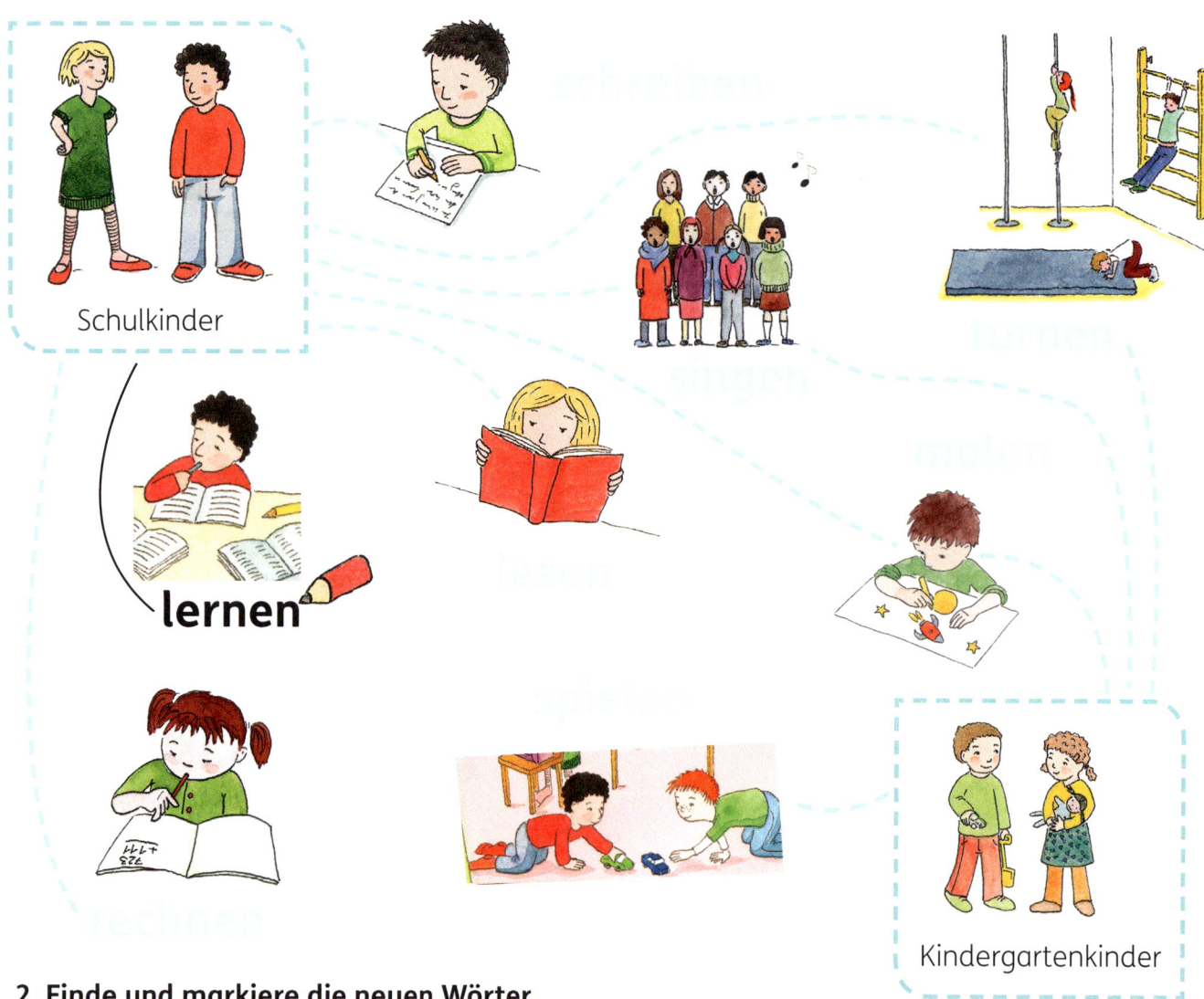

2. Finde und markiere die neuen Wörter.

V	W	S	I	N	G	E	N	C	B	E	B	G	H	S
M	S	O	M	N	G	K	V	P	L	F	W	D	T	P
A	Q	D	G	U	F	D	T	Z	E	O	L	V	K	I
L	P	S	F	J	K	N	T	U	R	N	E	N	W	E
E	K	A	R	E	C	H	N	E	N	P	S	R	F	L
N	R	C	W	L	B	F	X	Y	E	N	E	S	K	E
A	S	C	H	R	E	I	B	E	N	M	N	V	M	N

3. Was machen die Eltern? Was muss man zu Hause machen? Fahre die Wörter nach.

putzen

abtrocknen

einkaufen

Wäsche waschen

abwaschen

kochen

aufräumen

arbeiten

Eltern

4. Geheimschrift: Welche Wörter aus Aufgabe 3 sind das? Schreibe richtig auf.

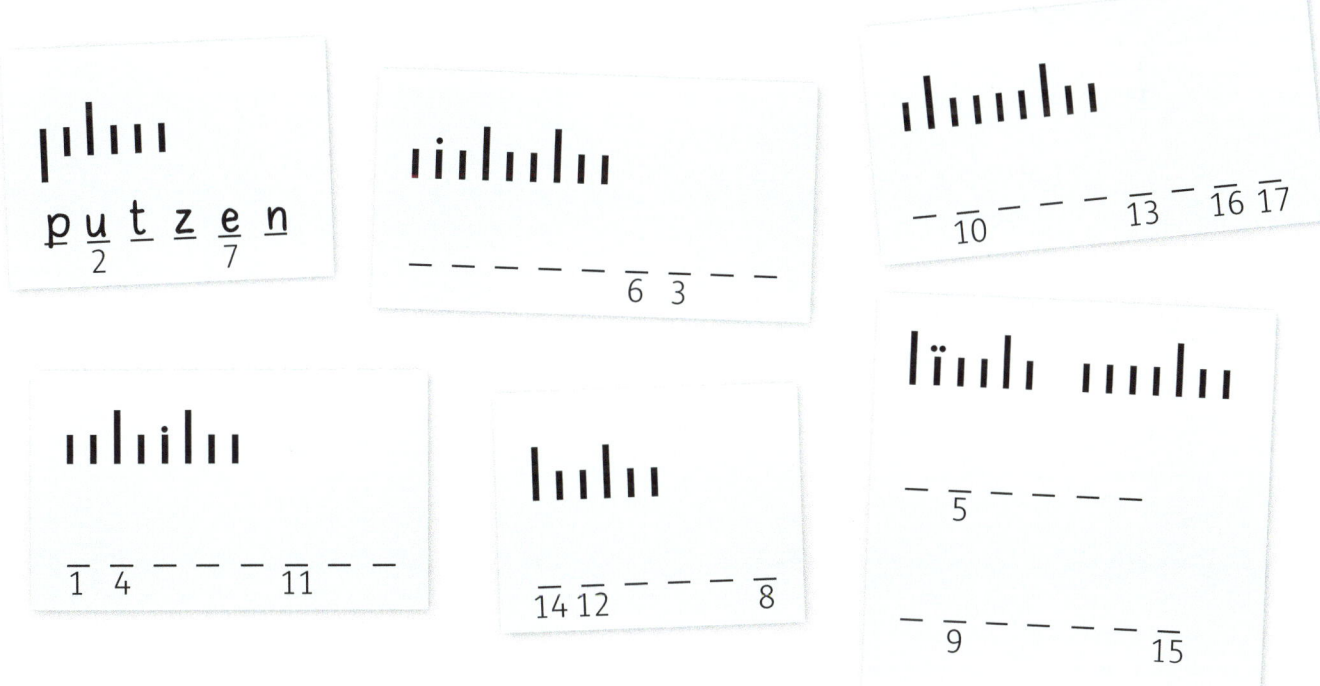

p u t z e n
‾2‾   ‾7‾

‾ ‾ ‾ ‾ ‾ ‾ ‾ ‾
          ‾6‾ ‾3‾   ‾ ‾ ‾

‾ ‾ ‾ ‾ ‾ ‾ ‾ ‾
  ‾10‾   ‾13‾ ‾16‾ ‾17‾

‾1‾ ‾4‾   ‾11‾

‾14‾ ‾12‾ ‾ ‾ ‾ ‾8‾

‾ ‾ ‾ ‾ ‾ ‾
  ‾5‾

‾ ‾ ‾ ‾ ‾ ‾
  ‾9‾   ‾15‾

Lösung: Pia hilft zu Hause. Das macht sie:

‾ ‾u‾ ‾ ‾ ‾ ‾m‾ ‾e‾ ‾ und ‾ ‾ ‾ ‾r‾ ‾ ‾ ‾ ‾ .
1 2 3 4 5 6   7   8   9 10 11 12 13 14 15 16 17

Hobbys

1. Fahre die Wörter nach und verbinde.

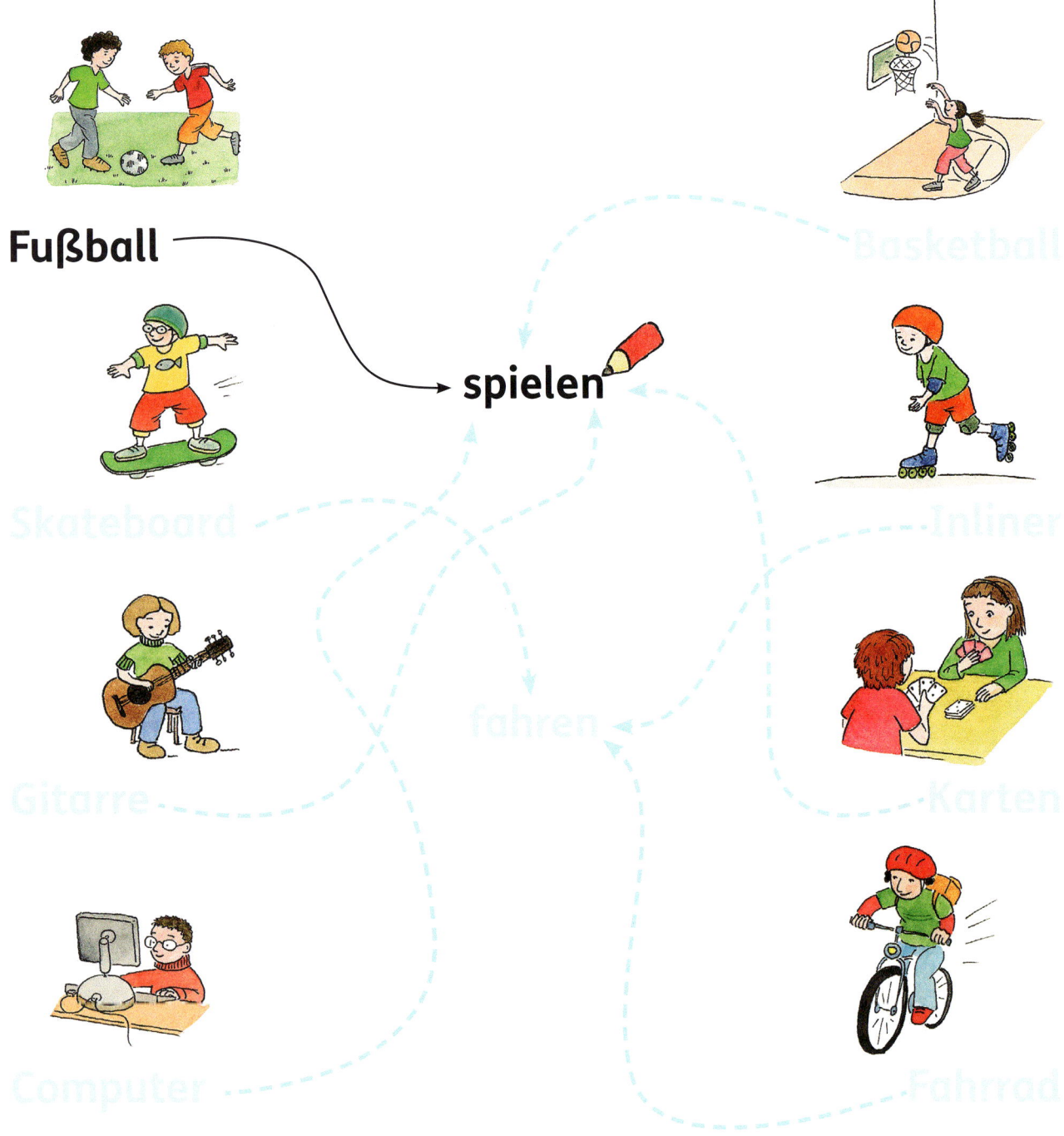

Fußball

spielen

Basketball

Skateboard

Inliner

Gitarre

Karten

fahren

Computer

Fahrrad

2. Finde die Wörter und schreibe.

FUßBALL|SPIELEN|FAHRRADFAHRENCOMPUTERSPIELEN

Fußball spielen,

3. In der Freizeit: Was machen Kinder noch gerne? Fahre die Wörter nach.

schwimmen

wandern

fernsehen

fotografieren

Freunde treffen

basteln

Musik hören

schaukeln

4. Was tun die Kinder? Ordne zu.

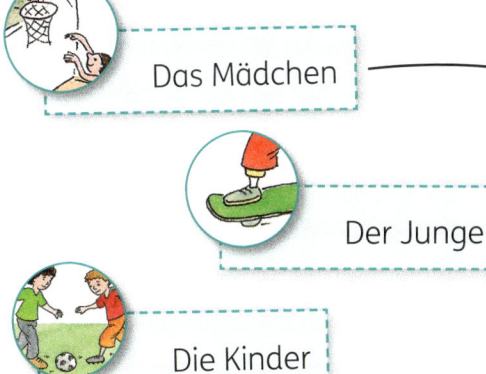

Das Mädchen

Der Junge

Die Kinder

Der Junge

Das Mädchen

Der Junge

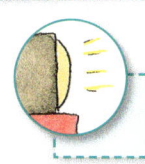

Das Mädchen

Der Junge

fährt Fahrrad.

sieht fern.

spielt Computer.

spielt Basketball.

fährt Skateboard.

spielen Fußball.

hört Musik.

trifft Freunde.

Wochentage und Tageszeiten

1. Die Woche: Fahre die Wörter nach und verbinde.

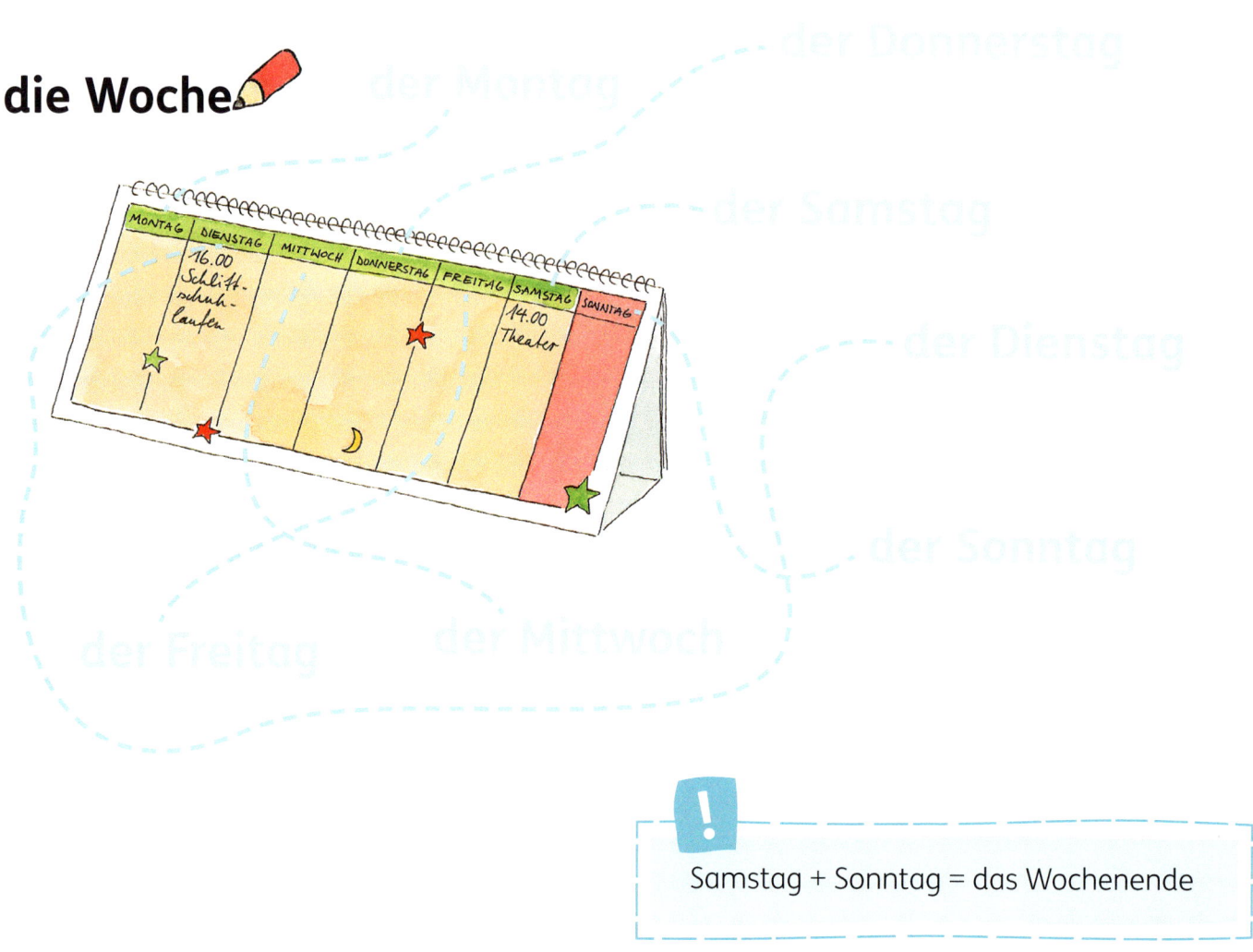

die Woche

der Donnerstag

der Montag

der Samstag

der Dienstag

der Sonntag

der Freitag

der Mittwoch

> ❗ Samstag + Sonntag = das Wochenende

2. Trage die Wochentage ein.

			M	I	T	T	W	O	C	H
			O							
			N							
			T							
			A							
			G							

3. Die Tageszeiten: Fahre die Wörter nach und verbinde.

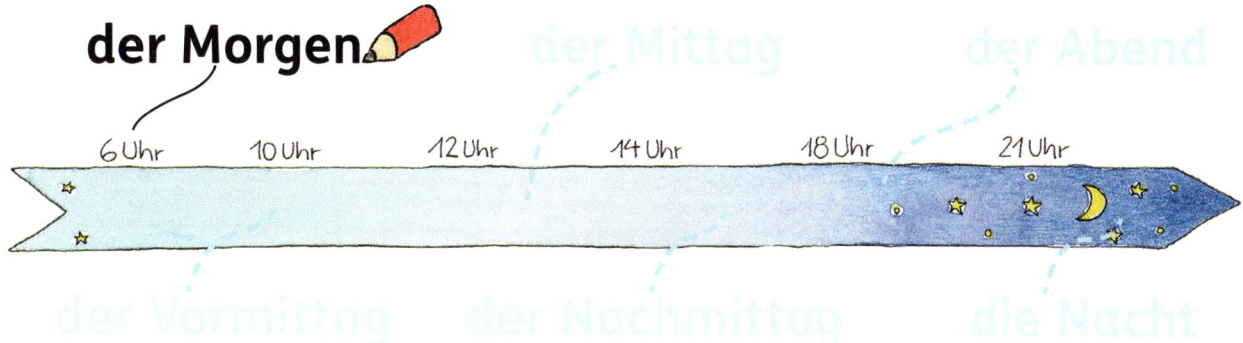

der Morgen

der Mittag

der Abend

6 Uhr   10 Uhr   12 Uhr   14 Uhr   18 Uhr   21 Uhr

der Vormittag   der Nachmittag   die Nacht

★ 4. Pias Wochenplan: Was macht Pia wann? Lies und schreibe auf.

Montag 29	Dienstag 30	Mittwoch 1	Donnerstag 2	Freitag 3	Samstag 4	Sonntag 5
						5.00 Zeitungen austragen
- - - - - - - - Schule - - - - - - - -					einkaufen mit Mama	
15.00 Leyla	13.00 Gitarre		14.40–16.10 Mittagsschule	mit Oma telefonieren → Geburts- tag!		
		19.00 Turnen				

am Samstagvormittag • am Dienstagmittag • am Donnerstagnachmittag •
am Sonntagmorgen • ~~am Montagnachmittag~~ • am Freitagnachmittag •
am Mittwochabend

1. **Am Montagnachmittag**   trifft Pia ihre Freundin Leyla.

2. _____   hat Pia Gitarrenunterricht.

3. _____   hat Pia Turnen.

4. _____   hat Pia Mittagsschule.

5. _____   telefoniert Pia mit ihrer Oma.

6. _____   kauft Pia mit ihrer Mama ein.

7. _____   trägt Pia Zeitungen aus.

In der Bibliothek

1. Fahre die Wörter nach.

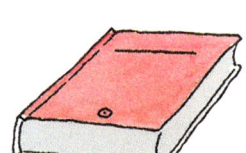

die Bibliothek

das Buch

die Bücher

der Bibliotheksausweis

2. Was kann man in der Bibliothek ausleihen? Fahre die Wörter nach und verbinde.

① ⑤

② ⑥

③ ⑦

④ ⑧

T das Sachbuch

H die DVD

M die Zeitschrift

O

C die CD

I der Roman

W das Lexikon

T der/das Comic

das Bilderbuch ✏

Lösung: Pia geht am $\underline{M}$ $\underline{}$ $\underline{}$ $\underline{}$ $\underline{}$ $\underline{}$ $\underline{}$ $\underline{}$ in die Bibliothek.
 1   2   3   4   5   6   7   8

> **Das sagt man auch:**
> die Bibliothek = die Bücherei

3. Finde und markiere die Wörter aus Aufgabe 1 und 2.

B	I	B	L	I	O	T	H	E	K	S	A	U	S	W	E	I	S
C	R	W	C	V	Y	J	K	L	R	F	Ö	C	P	Ü	P	O	J
B	T	S	A	C	H	B	U	C	H	M	C	O	M	I	C	N	L
U	Z	Q	Ö	V	X	C	B	F	G	S	W	Ü	H	R	S	D	E
C	Ü	B	I	L	D	E	R	B	U	C	H	P	N	O	H	Ö	X
H	M	V	D	W	Q	Y	T	F	Ä	Q	M	K	L	M	X	Y	I
M	I	Z	E	I	T	S	C	H	R	I	F	T	P	A	J	C	K
C	F	K	M	L	Z	E	W	Q	J	K	Y	V	C	N	Q	W	O
D	B	J	B	I	B	L	I	O	T	H	E	K	B	X	C	V	N
W	D	V	D	Ä	U	Y	C	X	Q	W	B	Ü	C	H	E	R	Ü

4. In der Bibliothek: Lies, verbinde und fahre nach.

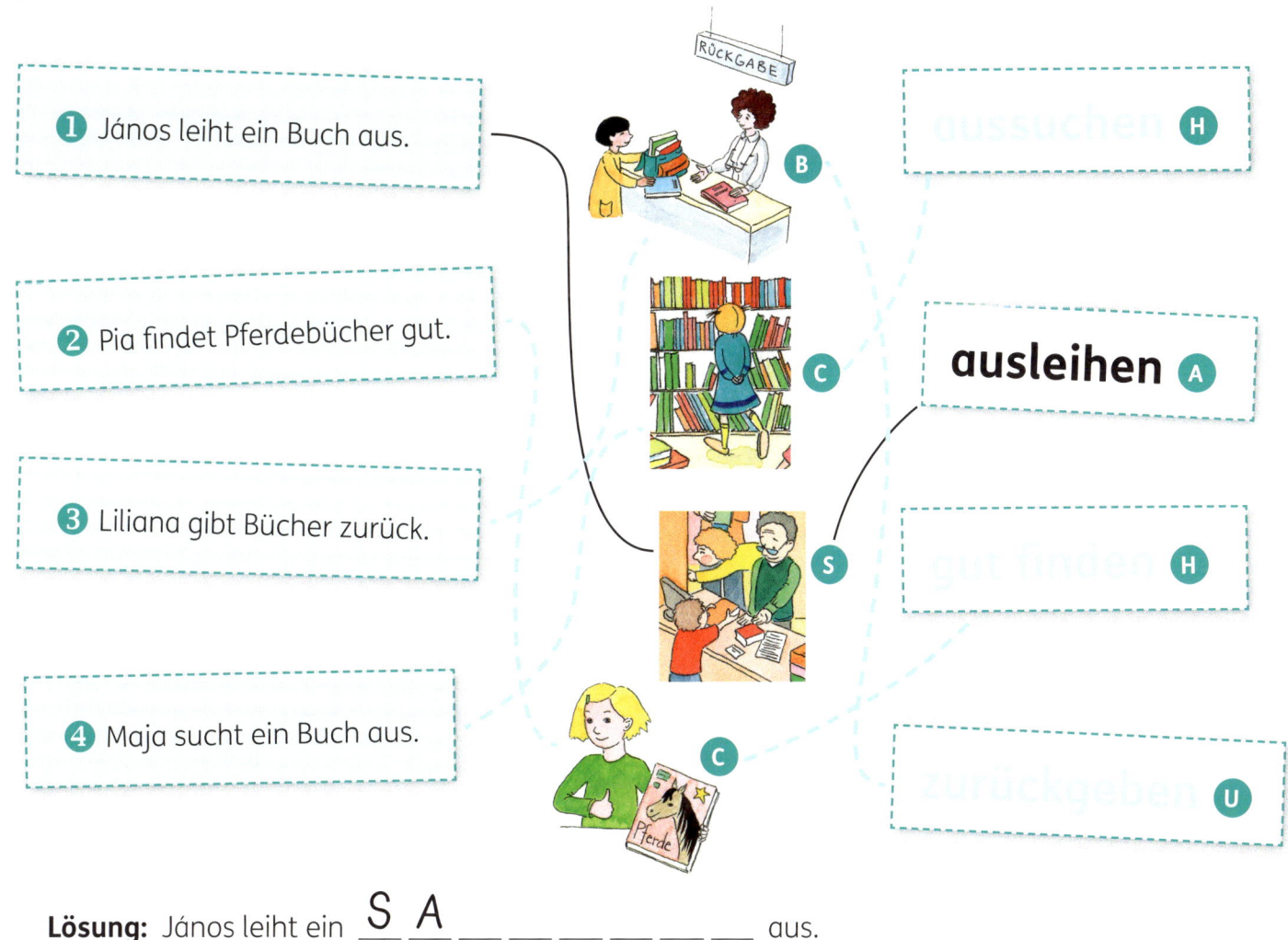

❶ János leiht ein Buch aus.

❷ Pia findet Pferdebücher gut.

❸ Liliana gibt Bücher zurück.

❹ Maja sucht ein Buch aus.

RÜCKGABE

aussuchen **H**

ausleihen **A**

gut finden **H**

zurückgeben **U**

Pferde

Lösung: János leiht ein $\underset{1}{\underline{S}}\ \underset{2}{\underline{A}}\ \underline{\quad}\ \underset{3}{\underline{\quad}}\ \underset{4}{\underline{\quad}}\ \underline{\quad}$ aus.

Freundschaft

1. Fahre die Wörter nach und verbinde.

der Freund

die Freundin   die Freunde   die Freundinnen

2. Was machen Freunde? Fahre die Wörter nach.

streiten

spielen

helfen

sich entschuldigen

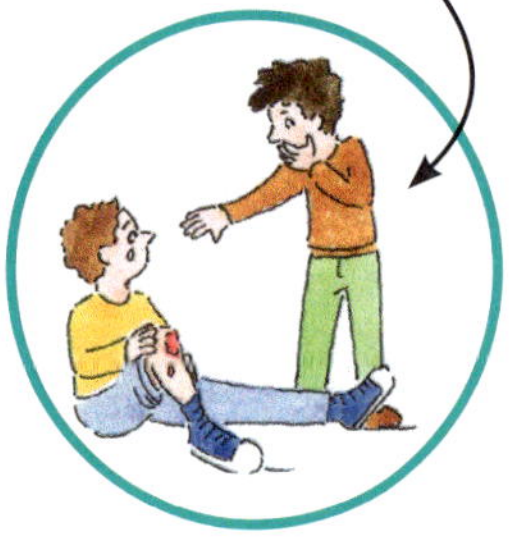

ärgern

trösten

telefonieren

zuhören

3. Trage die Wörter aus Aufgabe 2 ein.

					S									
sich				T									
				R									
				E									
				I									
				T									
				E									
Ä	R	G	E	R	N								

4. Wo treffen sich Freunde? Fahre nach und verbinde.

im Park

auf dem Spielplatz

zu Hause

vor der Schule

5. Finde die Wörter und schreibe.

ZU|HAUSE|AUFDEMSPIELPLATZIMPARKVORDERSCHULE

zu Hause,

Mehr Aufgaben für Profis ✪ und Partner 👥

✪ **1. Was machst du im Alltag und in deiner Freizeit? Schreibe auf.**

Montag	Dienstag	Mittwoch	Donnerstag	Freitag	Samstag	Sonntag

✪
👥 **2. Erzählt euch gegenseitig.**

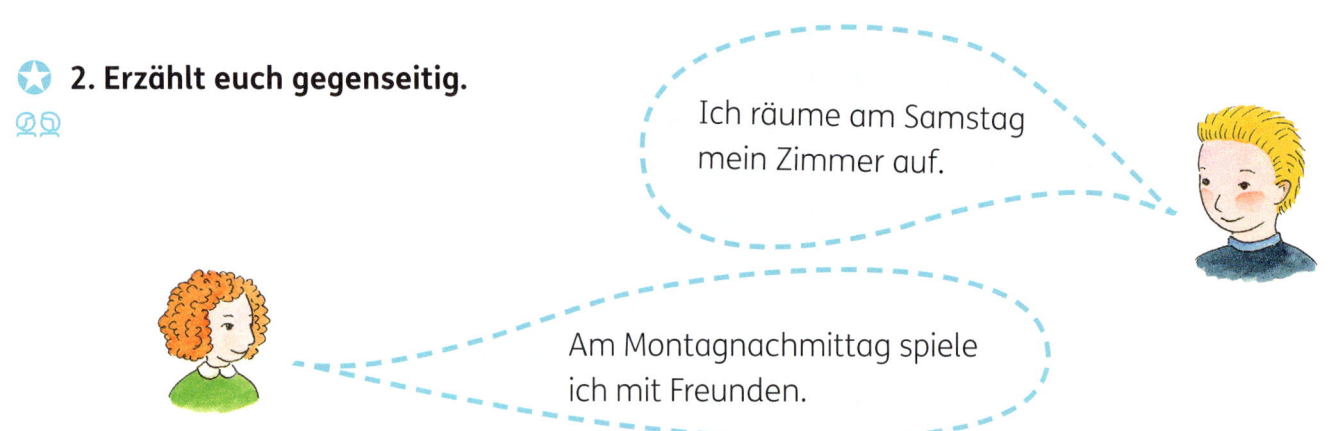

Ich räume am Samstag mein Zimmer auf.

Am Montagnachmittag spiele ich mit Freunden.

✪ **3. Was kann man in der Bibliothek ausleihen? Merke dir alle Wörter von Aufgabe 2 auf Seite 18. Schreibe sie dann hier auf.**

👥 **4. Tausche das Heft mit deinem Partner: Ist alles richtig?**

5. Ein Interview über Bücher: Frage deinen Partner.

Liest du gerne Romane?

Nein, ich lese nicht gerne Romane.

Findest du Comics gut?

Ja, ich finde Comics gut.

Welche Bücher liest du am liebsten?

Ich lese am liebsten ...

Was liest du gar nicht gerne?

... lese ich gar nicht gerne.

Leihst du dir Bücher in der Bibliothek aus?

Ja, ich leihe mir oft / manchmal Bücher aus.

Nein, ich leihe mir nie Bücher in der Bibliothek aus.

6. Was ist dein Lieblingsbuch? Schreibe auf.

 7. Was machst du mit deinen Freunden? Zeichne und schreibe.

Fußball spielen

Die Jahreszeiten

1. Fahre die Wörter nach und verbinde.

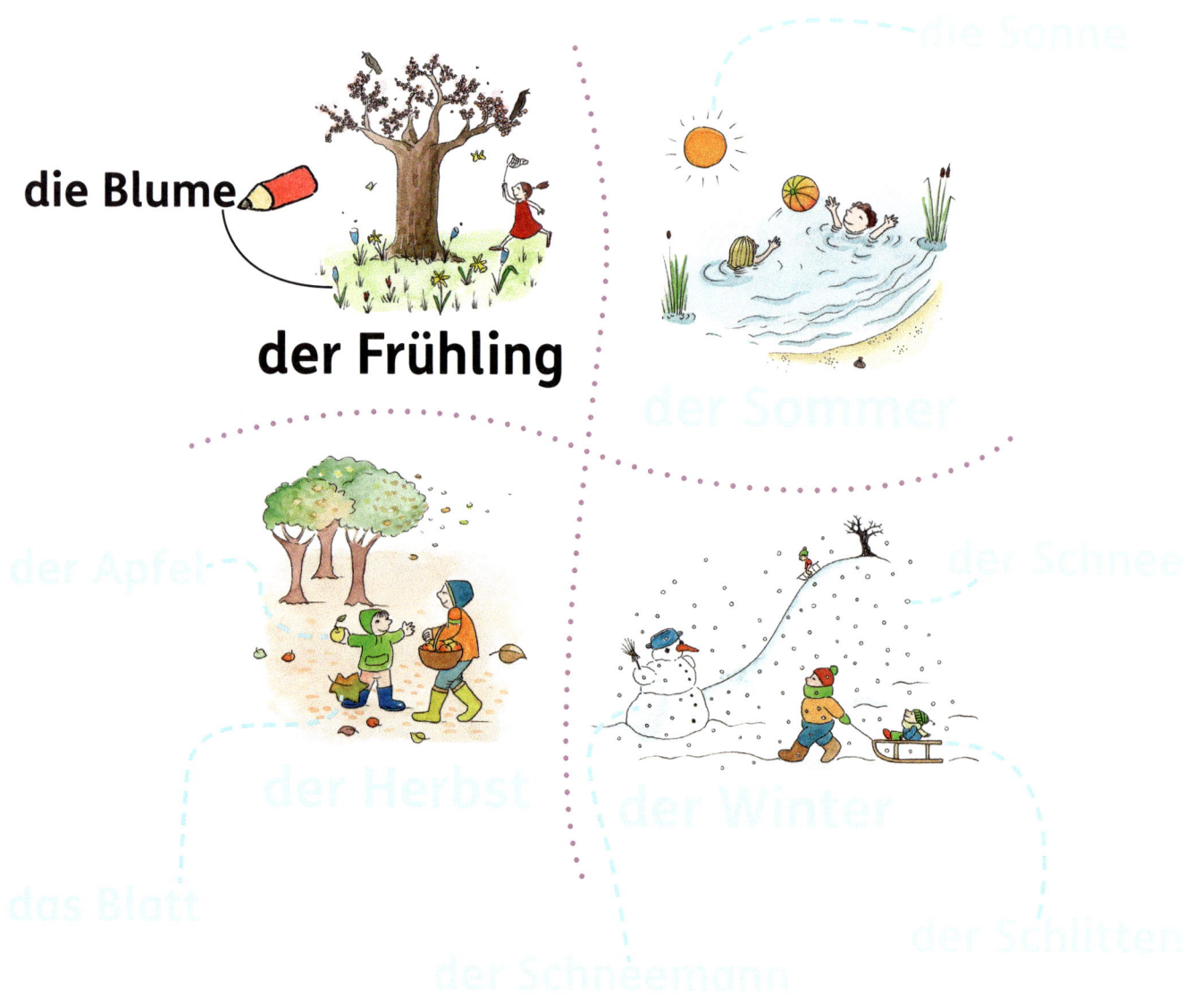

die Blume

der Frühling

die Sonne

der Sommer

der Apfel

der Schnee

der Herbst

der Winter

das Blatt

der Schlitten

der Schneemann

2. Finde die Wörter und schreibe.

DER|HERBST|DERFRÜHLINGDERSOMMERDERWINTER

der Herbst,

3. Wie ist es? Finde das Gegenteil und fahre die Wörter nach.

hell

kalt

heiß

trocken

nass

dunkel

---

4. Was passt? Lies und ordne zu.

❶ Manchmal schneit es im Winter.

❷ Im Herbst fallen die Blätter von den Bäumen.

❸ Im Sommer scheint oft die Sonne.

❹ Die ersten Blumen blühen im Frühling.

H

E

Z

J

scheinen **S**

blühen **E**

schneien **A**

fallen **R**

Lösung: die $\underset{1}{J}\ \underset{2}{A}\ \underset{3}{\rule{1em}{0.4pt}}\ \underset{4}{\rule{1em}{0.4pt}}\ \rule{1em}{0.4pt}\ \rule{1em}{0.4pt}$ I T

Das Wetter

1. Fahre die Wörter nach und verbinde.

①  ②  ③  ④

⑤ ⑥ ⑦ ⑧

R die Sonne

H das Gewitter

G der Regen

F **der Nebel**

Ü der Regenbogen

I die Schneeflocke

L die Wolke

N der Wind

Lösung: der F __ __ __ __ __ __ __
                  1 2 3 4 5 6 7 8

2. Welche Wörter sind das? Schreibe richtig auf.

der genRe

der belNe

die olWke

der Regen

die nneSo

der inWd

die ckeneeSchflo

26

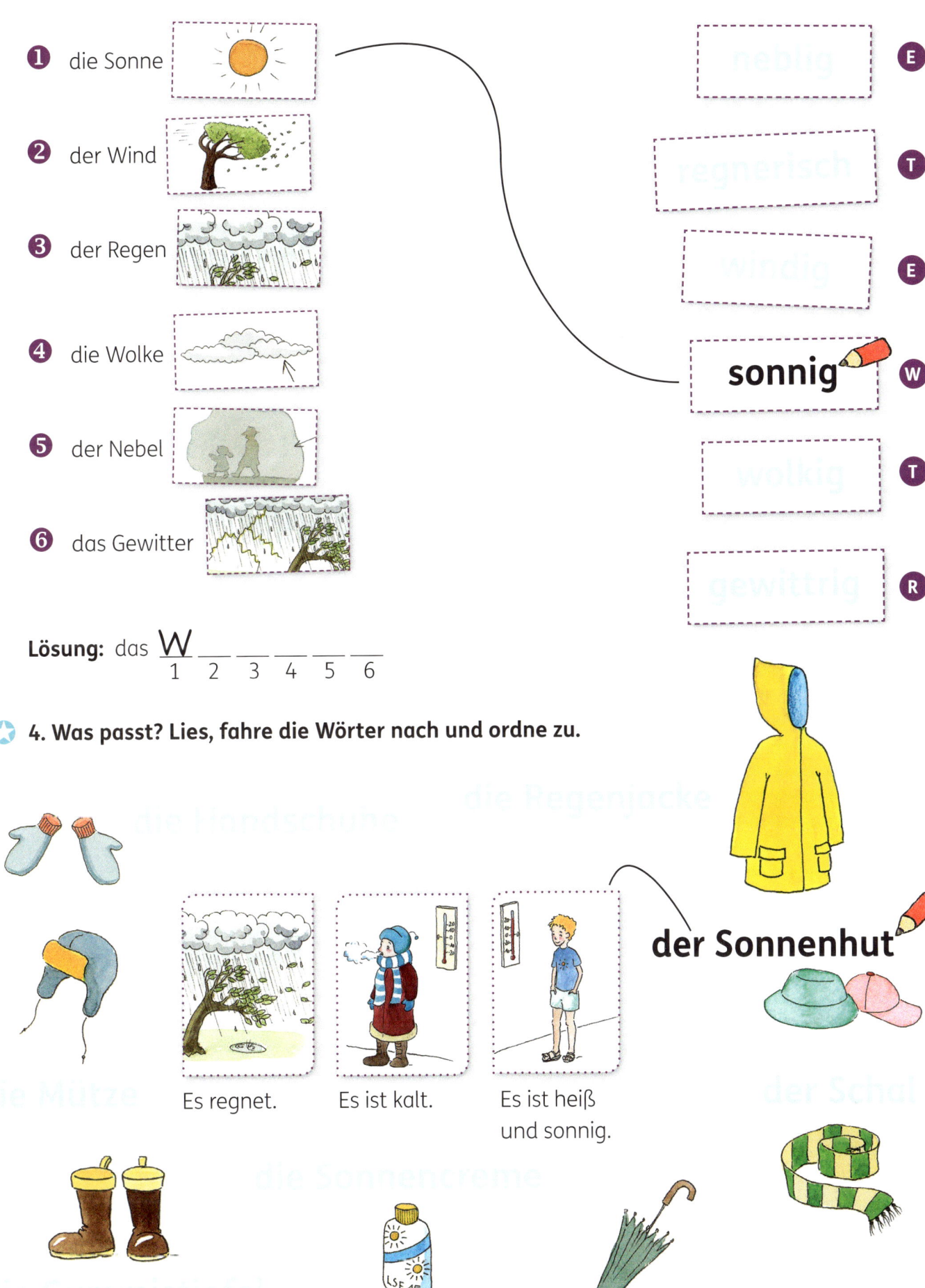

★ **3. Die Sonne – sonnig: Fahre die Wörter nach und ordne zu.**

❶ die Sonne

❷ der Wind

❸ der Regen

❹ die Wolke

❺ der Nebel

❻ das Gewitter

neblig E

regnerisch T

windig E

sonnig W

wolkig T

gewittrig R

Lösung: das $\underline{W}$ $\underline{}$ $\underline{}$ $\underline{}$ $\underline{}$ $\underline{}$
     1 2 3 4 5 6

★ **4. Was passt? Lies, fahre die Wörter nach und ordne zu.**

die Handschuhe

die Regenjacke

der Sonnenhut

Es regnet. Es ist kalt. Es ist heiß und sonnig.

die Mütze

der Schal

die Sonnencreme

die Gummistiefel

der Regenschirm

Die Monate

1. Der Kalender: Fahre die Wörter nach.

der Kalender

2. Die zwölf Monate: Fahre die Wörter nach und ordne zu.

Januar

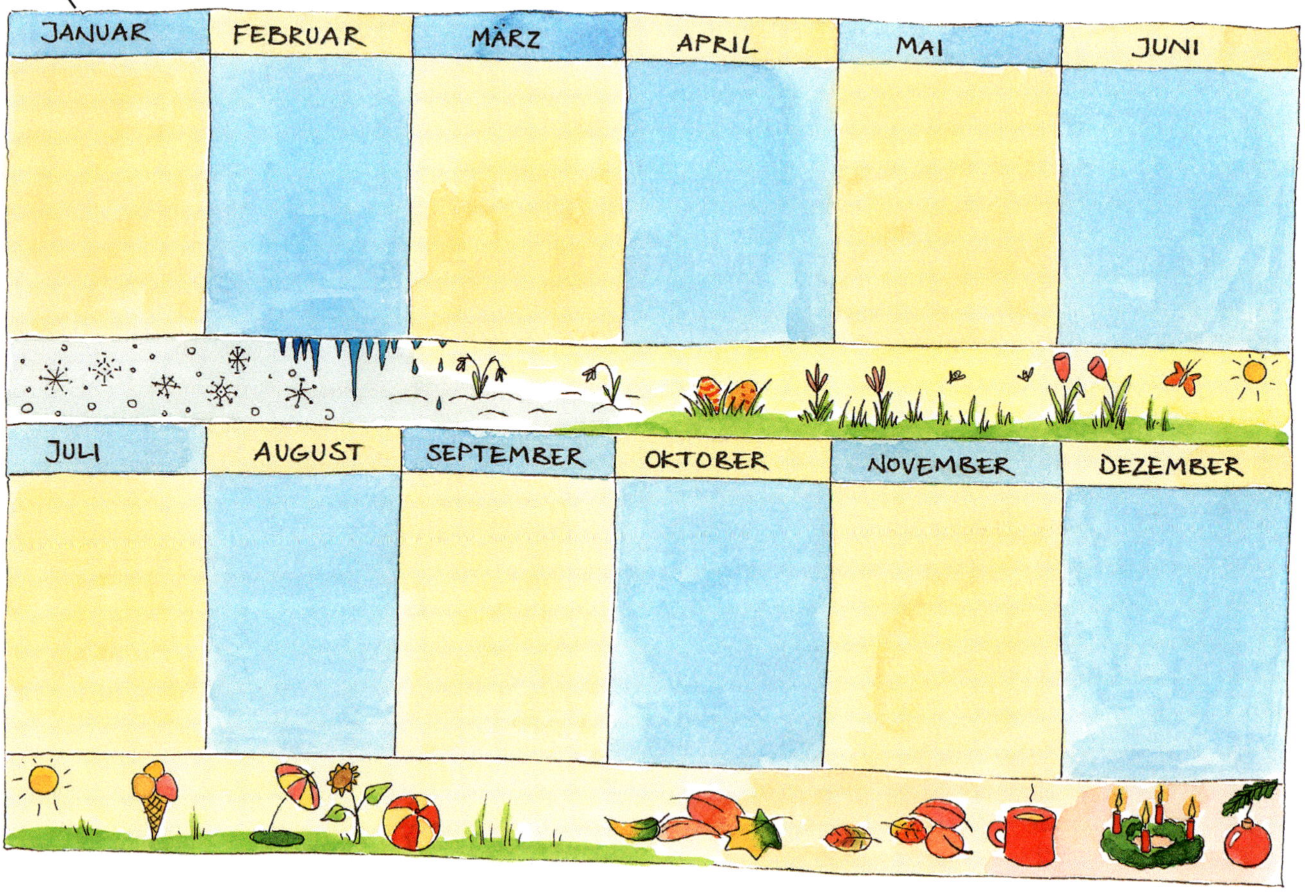

JANUAR	FEBRUAR	MÄRZ	APRIL	MAI	JUNI

JULI	AUGUST	SEPTEMBER	OKTOBER	NOVEMBER	DEZEMBER

3. Finde und markiere die zwölf Monate.

J	W	D	E	Z	E	M	B	E	R	K	J	K	O	Ü	A
U	X	G	U	P	Ö	J	Ä	C	Ö	I	U	J	K	P	U
N	S	E	P	T	E	M	B	E	R	H	L	Q	T	Y	G
I	B	J	D	Q	S	L	H	Ü	M	A	I	W	O	C	U
P	F	E	B	R	U	A	R	S	Q	C	P	F	B	X	S
J	C	W	T	X	L	Z	T	N	X	R	Y	S	E	Ö	T
N	O	V	E	M	B	E	R	K	M	P	M	Ä	R	Z	V
B	J	A	N	U	A	R	M	A	P	R	I	L	M	Q	Ü

4. Ordne die Monate den Jahreszeiten zu und schreibe.

der Frühling

März
_____

_____

_____

der Sommer

_____

_____

_____

der Herbst

_____

_____

_____

der Winter

_____

_____

_____

Der Wievielte?

1. Fahre nach und ordne zu.

Der Wievielte? So bildest du die Zahlen:

2. → zwei + -te = der/die/das Zweite

4. → vier + -te = der/die/das Vierte

Achtung Ausnahmen:

1. = der/die/das Erste
3. = der/die/das Dritte
7. = der/die/das Siebte
8. = der/die/das Achte

Bei Zahlen ab 20 mit der Endung -ste:

20. → zwanzig + -ste = der/die/das Zwanzigste

der zwölfte

der sechste

der zweite

der erste

der zehnte

der dritte

der fünfzehnte

der siebte

der einundzwanzigste

der elfte

der zwanzigste

Heute ist der zwölfte Januar.

JANUAR
1 Do Neujahr
2 Fr
3 Sa
4 So
5 Mo
6 Di Hl. Drei Könige
7 Mi
8 Do
9 Fr
10 Sa
11 So
12 Mo
13 Di
14 Mi
15 Do
16 Fr
17 Sa
18 So
19 Mo
20 Di
21 Mi
22 Do

2. Der wievielte Monat? Schreibe auf.

Januar 1. der erste

Februar 2. _____

März 3. _____

April 4. _____

Mai 5. _____

Juni 6. _____

Juli 7. _____

August 8. _____

September 9. _____

Oktober 10. _____

November 11. _____

Dezember 12. _____

3. Wann? Fahre die Wörter nach.

vorgestern   heute   übermorgen

3   4   5   6   7

gestern   morgen

4. Das Datum: Lies und schreibe auf.

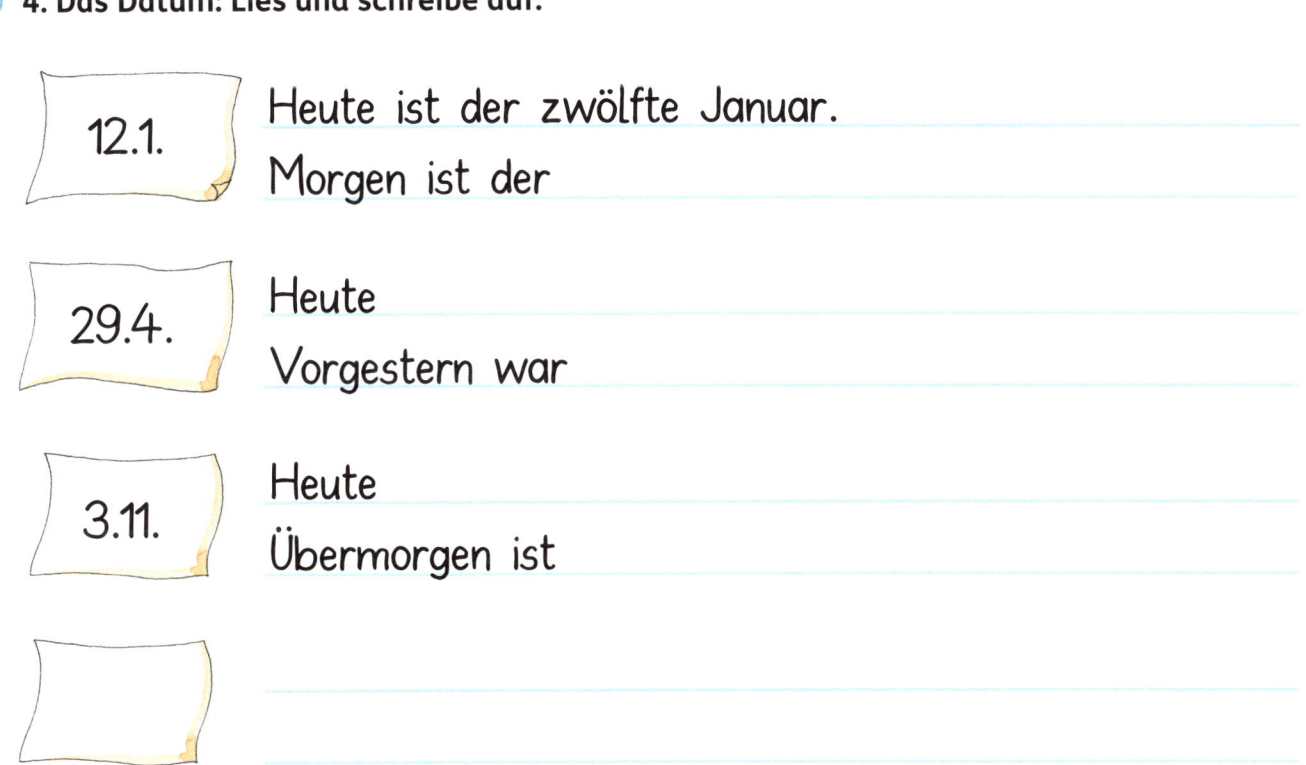

12.1.
Heute ist der zwölfte Januar.
Morgen ist der _____

29.4.
Heute _____
Vorgestern war _____

3.11.
Heute _____
Übermorgen ist _____

_____

Die Uhrzeit

1. Die Uhr: Fahre die Wörter nach.

die Uhr

die Ziffer

der Sekundenzeiger

der Minutenzeiger

der Stundenzeiger

2. Wie spät ist es? Fahre die Wörter nach.

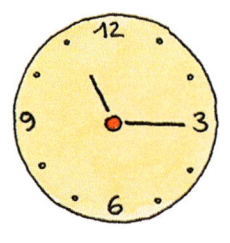

Viertel nach elf

halb zwölf

Viertel vor zwölf

zwölf Uhr

fünf (Minuten) nach elf

fünf (Minuten) vor zwölf

⭐ **3. Wie spät ist es? Lies und ordne zu.**

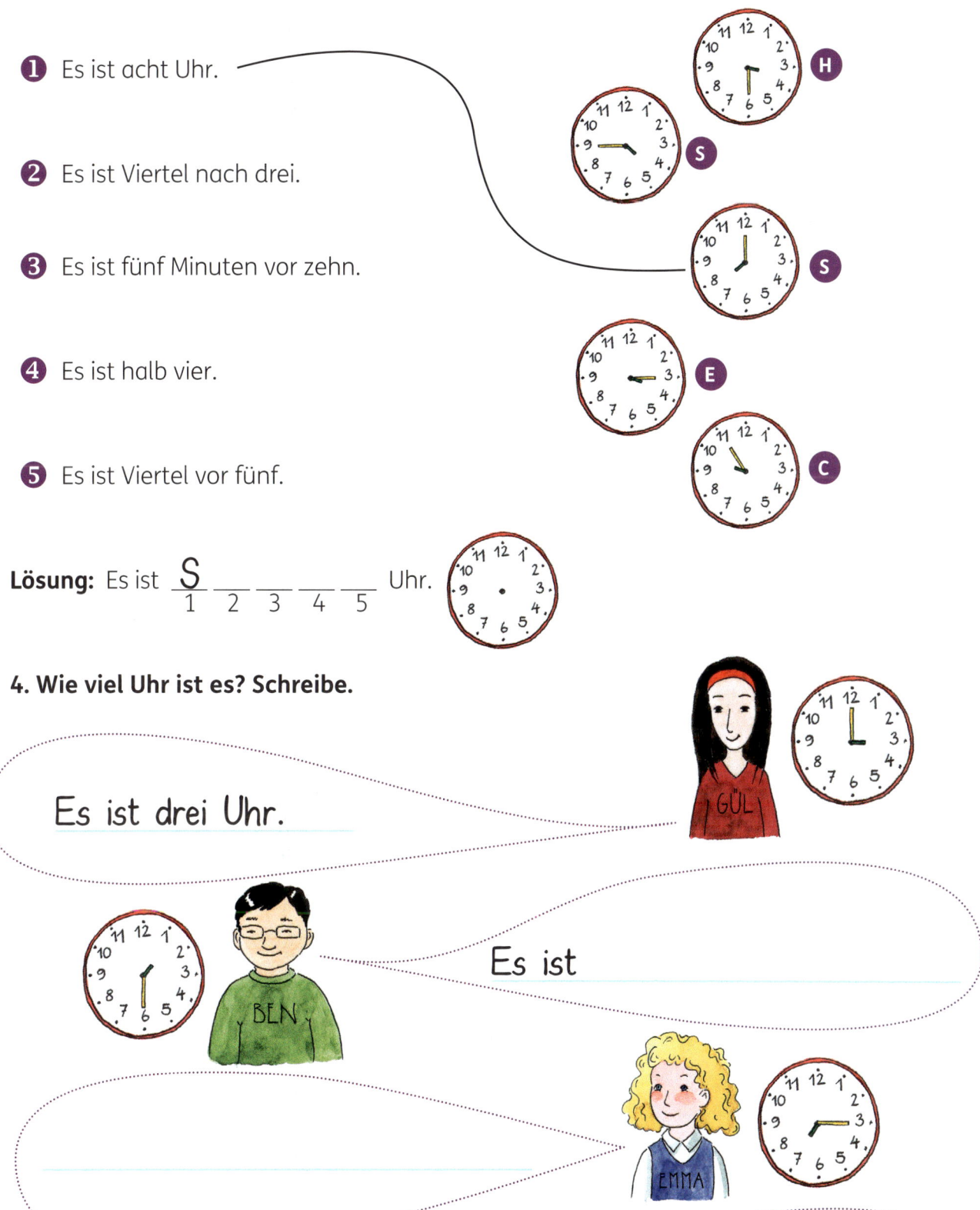

❶ Es ist acht Uhr.

❷ Es ist Viertel nach drei.

❸ Es ist fünf Minuten vor zehn.

❹ Es ist halb vier.

❺ Es ist Viertel vor fünf.

Lösung: Es ist $\dfrac{S}{1}$ ___ ___ ___ ___ Uhr.
              2   3   4   5

⭐ **4. Wie viel Uhr ist es? Schreibe.**

Es ist drei Uhr.

Es ist _____

_____

_____

Wie viel Uhr ist es?

⇨ Welche Uhrzeiten sind in der Schule und zu Hause wichtig? evtl. Uhren basteln, Zeiten nennen und einstellen

33

Grüßen und verabschieden

1. Grüßen: Fahre die Wörter nach und verbinde.

morgens

tagsüber

abends

jederzeit

Guten Tag!

Guten Abend!

Hallo!

Guten Morgen!

2. Sich verabschieden: Fahre die Wörter nach.

Tschüss!

Auf Wiedersehen!

Bis morgen!

Gute Nacht!

Bis später!

3. Grüßen und verabschieden: Finde die Wörter und schreibe.

HALLO|TSCHÜSSGUTENTAGGUTENACHTAUFWIEDERSEHEN

Hallo, _____

_____

4. Was macht man beim Begrüßen und Verabschieden? Fahre die Wörter nach.

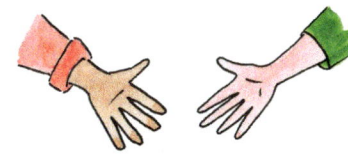

sich die Hand geben

winken

küssen

sich umarmen

⭐ 5. Was passt? Lies und kreuze an.

❶		Die Mutter sagt: „Guten Morgen!"	☐ **T**
		Die Mutter sagt: „Gute Nacht!"	☒ **H**
❷		Line küsst ihre Oma.	☐ **A**
		Line winkt ihrer Oma.	☐ **I**
❸		Die Frau und der Mann geben sich die Hand.	☐ **L**
		Die Frau und der Mann umarmen sich.	☐ **E**
❹		Die Lehrerin sagt: „Gute Nacht!"	☐ **P**
		Die Lehrerin sagt: „Tschüss! Bis morgen!"	☐ **L**
❺		Der Vater sagt: „Bis später!"	☐ **O**
		Der Vater sagt: „Guten Morgen!"	☐ **W**

Lösung: H ___ ___ ___ ___ !
         1   2   3   4   5

⇨ Rollenspiele zum Begrüßen und Verabschieden, weiterführend auch mit Fragen nach dem Befinden etc.

35

Mehr Aufgaben für Profis ⭐ und Partner 👥

⭐ **1. Was passt zu welcher Jahreszeit? Schaut auf den Seiten 24–27 nach und schreibt auf.**
👥

der Frühling

der Sommer

der Herbst

der Winter

die Blume, hell,

⭐ **2. Welche Jahreszeit und welches Wetter mag dein Partner?**
👥
Fragt und erzählt euch gegenseitig.

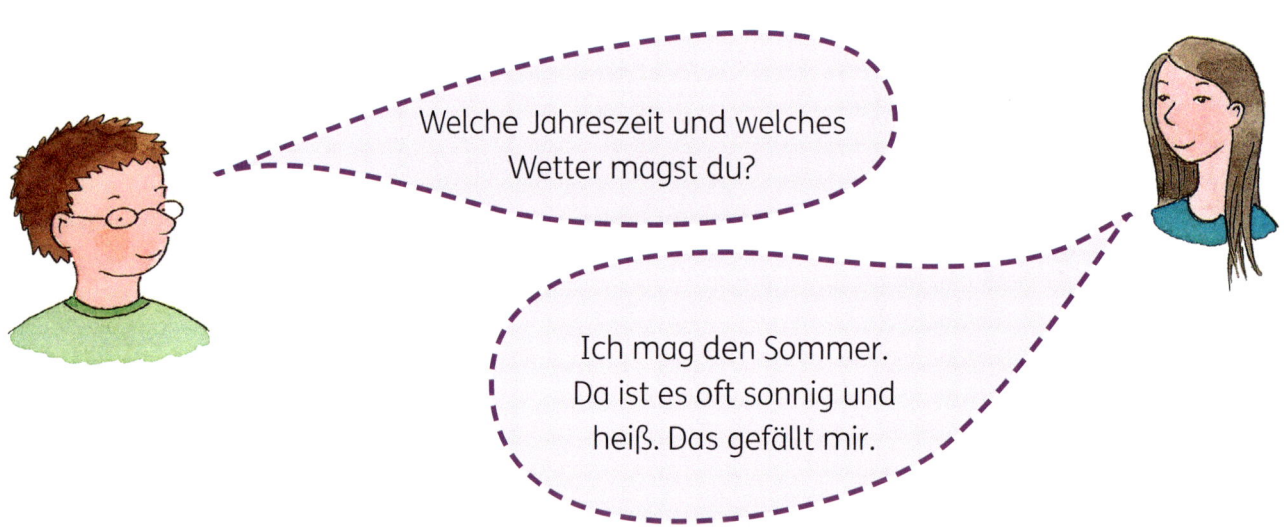

Welche Jahreszeit und welches Wetter magst du?

Ich mag den Sommer. Da ist es oft sonnig und heiß. Das gefällt mir.

3. Das 1-Minuten-Spiel: Schreibt in einer Minute so viele Monate auf wie möglich.

_____

_____

_____

4. Tausche das Heft mit deinem Partner: Ist alles richtig? Wer hat mehr Wörter?

5. Wie viel Uhr ist es? Zeichne Uhrzeiten ein und frage deinen Partner.

Wie viel Uhr ist es?

Es ist zehn Uhr.

6. Was sagt man beim Begrüßen und Verabschieden?

   Merke dir alle Grüße von Seite 34. Schreibe sie dann hier auf.

_____

_____

7. Tausche das Heft mit deinem Partner: Ist alles richtig?

Der Geburtstag

1. Fahre nach und verbinde.

die Geburtstagstorte

die Kerze

der Glückwunsch

die Geburtstagskarte

die Gäste

das Geburtstagskind

das Geschenk

der Gast

das Geburtsdatum

der Geburtsort

VORNAME: Luis
NACHNAME: Meier
GEBURTSDATUM: 18.6.2001
GEBURTSORT: Berlin

2. Finde und markiere die Wörter aus Aufgabe 1.

G	S	G	E	B	U	R	T	S	D	A	T	U	M	Ä	B	F	D	G	L	E	C	O
Ä	F	D	G	E	B	U	R	T	S	T	A	G	S	T	O	R	T	E	Ö	S	X	B
S	T	S	R	G	A	S	T	W	M	H	V	G	E	B	U	R	T	S	O	R	T	X
T	T	U	F	B	X	F	D	C	Y	P	Ü	Q	V	E	N	C	N	C	K	H	Y	K
E	W	P	G	L	Ü	C	K	W	U	N	S	C	H	N	K	H	K	H	E	N	C	V
T	S	R	J	V	X	L	V	Ü	O	C	B	J	E	Y	L	E	Ö	E	B	E	O	E
F	N	G	E	B	U	R	T	S	T	A	G	S	K	I	N	D	Q	N	J	L	U	P
K	E	R	Z	E	M	T	G	E	B	U	R	T	S	T	A	G	S	K	A	R	T	E

3. Fahre die Wörter nach.

einladen ✏️

ALLES GUTE!

gratulieren

ein Lied singen

schenken

bekommen

feiern

4. Finde die Wörter und schreibe.

bekommen|gratulierenschenkeneinladenfeierneinLiedsingen

bekommen, _____

_____

⭐ 5. Was tun die Kinder? Ordne zu.

❶ Das Mädchen

❷ Das Mädchen

❸ Die Kinder

❹ Der Junge

❺ Das Mädchen

❻ Die Kinder

gratuliert ihrem Freund zum Geburtstag. **e**

bekommt ein Geschenk zum Geburtstag. **e**

schenkt ihrem Freund etwas zum Geburtstag. **f**

lädt ihre Freundin zum Geburtstag ein. **r**

feiern Geburtstag. **t**

singen ein Lied zum Geburtstag. **i**

Lösung: Leni $\underline{\text{f}}$ $\underline{}$ $\underline{}$ $\underline{}$ $\underline{}$ $\underline{}$ im Garten.
    1   2   3   4   5   6

Weihnachten

1. Fahre die Wörter nach und verbinde.

T
der Weihnachtsbaum

W
die Kerze

I
der Adventskalender

A
der Nikolaus

CH
die Geschenke

E
der Heilige Abend

E
der Adventskranz

N
der Weihnachtsmann

N
der Nikolausstiefel

H
das Plätzchen

Lösung: $\underset{1}{W}\ \underset{2}{\rule{1em}{0.4pt}}\ \underset{3}{\rule{1em}{0.4pt}}\ \underset{4}{\rule{1em}{0.4pt}}\ \underset{5}{\rule{1em}{0.4pt}}\ \underset{6}{\rule{1em}{0.4pt}}\ \underset{7}{\rule{1em}{0.4pt}}\ \underset{8}{\rule{1em}{0.4pt}}\ \underset{9}{\rule{1em}{0.4pt}}\ \underset{10}{\rule{1em}{0.4pt}}$

2. Welche Wörter sind das? Schreibe richtig auf.

die scheGenke

die Geschenke

der eihWbaumchtsna

die erKze

3. Löse das Rätsel.

 der   der

 der | | | | | | | | | | | | | |
8   10

 die | | | | | | |
6   7

12

 die K E₂ R Z E

 der | | | | | | | |
1   9

der

 der | | | | | | |
5   11

 das | | | | | |
4   3

Lösung: der __ E__ __ __ __ __ __   __ __ __ __ __
                  1 2 3 4 5 6 7   8 9 10 11 12

4. Fahre nach und verbinde.

Weihnachtslieder **singen**

Plätzchen

eine Kerze

Geschenke

den Weihnachtsbaum

ein Geschenk

⇨ gemeinsam Plätzchen oder Kekse backen

Ostern

1. Fahre die Wörter nach und verbinde.

das Osterei

2. Fahre die Wörter nach.

die Ostereier

3. Was siehst du auf dem Bild in Aufgabe 1? Kreuze an.

| ❶ | 5 Bäume | ☐ W |
| | 1 Baum | ✗ O |

| ❸ | 3 blaue Ostereier | ☐ T |
| | 4 blaue Ostereier | ☐ I |

| ❺ | 2 Körbe | ☐ K |
| | 1 Korb | ☐ R |

| ❷ | 0 Osternester | ☐ S |
| | 3 Osternester | ☐ N |

| ❹ | 4 rote Ostereier | ☐ M |
| | 8 rote Ostereier | ☐ E |

| ❻ | 7 Sträucher | ☐ E |
| | 3 Sträucher | ☐ N |

Lösung: O __ __ __ __ __
         1 2 3 4 5 6

4. Trage die Wörter aus Aufgabe 1 und 2 ein.

der

der O

das O S T E R N E S T

der T

E

R

H

der A

das S

die E

⭐ **5. Wo sind die Ostereier? Fahre die Wörter nach und verbinde.**

Viele Ostereier liegen **in** dem Korb.

Zwei Ostereier liegen neben der Blume.

Ein Osterei liegt hinter dem Strauch.

Ein Osterei liegt auf dem Baum.

Ein Osterei liegt vor dem Strauch.

Ein Osterei liegt neben dem Strauch.

Zwei Ostereier liegen unter dem Baum.

Ein Osterei liegt zwischen den Blättern der Tulpe.

Noch mehr Feste

1. Was passt zusammen? Fahre die Wörter nach und verbinde.

die Hochzeit

die Prinzessin

das Brautpaar

der Karneval

die Braut

der Bräutigam

der Zauberer

Silvester

das Feuerwerk

die Silvesterrakete

2. Finde die Wörter und schreibe.

DER|KARNEVAL|DASFEUERWERKDIEHOCHZEITSILVESTER

der Karneval,

3. Geheimschrift: Welche Wörter sind das? Schreibe richtig auf.

die |ıı|ııı|

<u>H</u> <u>o</u> <u>c</u> <u>h</u> <u>z</u> <u>e</u> <u>i</u> <u>t</u>

⁵

|ı|ıı|ıı|ıı

— — — — — — — —

₈

die |ıııı|

— — — —

1   7

der |ıııııı|

— — — — — —

3   6

das |ııııııı|

— — — — — —

2

der |ıïı|ıpıı

— — — — — — — —

4

Lösung: das — — — — <u>t</u> p — — —

        1   2   3   4   5   6   7   8

4. Fahre die Wörter nach und verbinde.

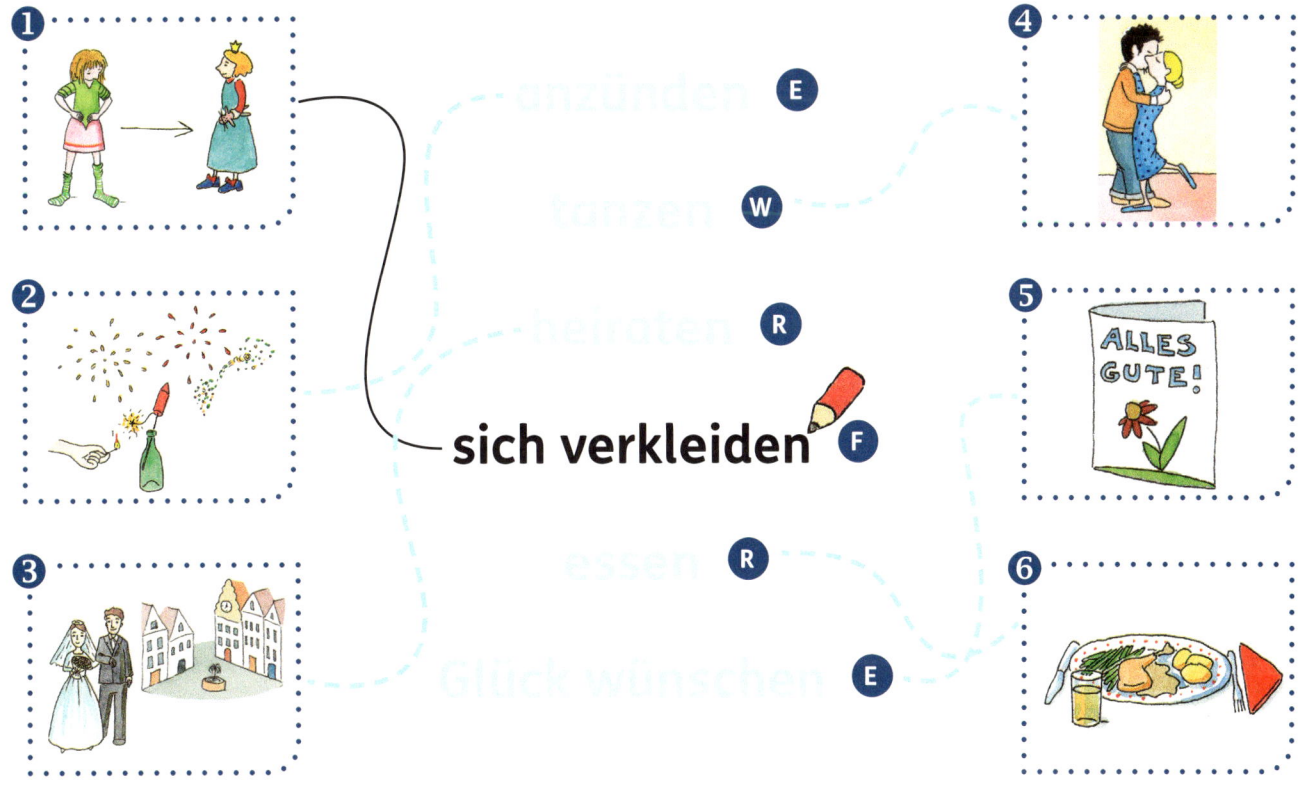

① ② ③ ④ ⑤ ⑥

anzünden **E**

tanzen **W**

heiraten **R**

sich verkleiden **F**

essen **R**

Glück wünschen **E**

Lösung: das F E U — — — — — K

            1   2   3   4   5   6

Mehr Aufgaben für Profis ✪ und Partner 👥

✪ **1. Über mich: Schreibe und male.**

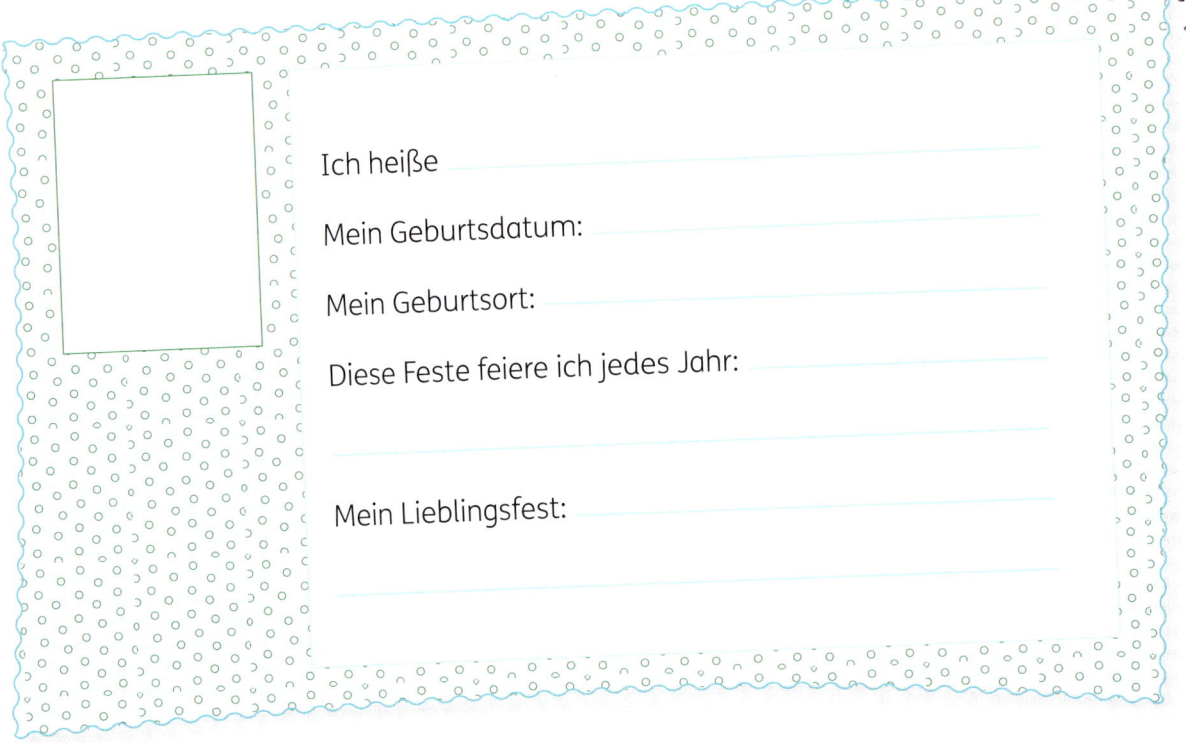

Ich heiße _____

Mein Geburtsdatum: _____

Mein Geburtsort: _____

Diese Feste feiere ich jedes Jahr: _____

_____

Mein Lieblingsfest: _____

_____

✪ **2. Ein Interview: Frage deinen Partner.**
👥

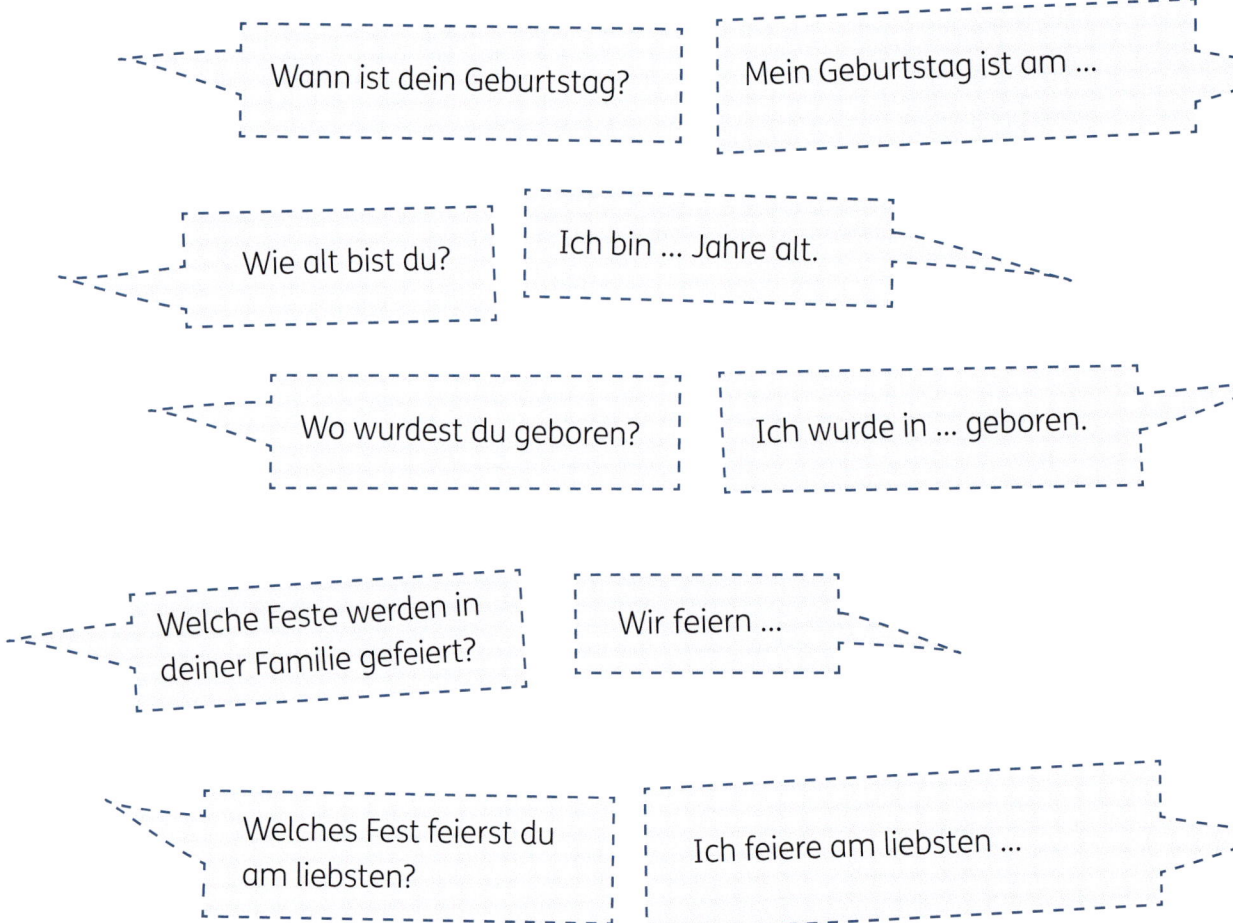

Wann ist dein Geburtstag?

Mein Geburtstag ist am ...

Wie alt bist du?

Ich bin ... Jahre alt.

Wo wurdest du geboren?

Ich wurde in ... geboren.

Welche Feste werden in deiner Familie gefeiert?

Wir feiern ...

Welches Fest feierst du am liebsten?

Ich feiere am liebsten ...

3. Merke dir alle Wörter von Seite 40. Schreibe sie dann hier auf.

 4. Tausche das Heft mit deinem Partner. Ist alles richtig?

5. Zeichne ein Ostereier-Suchbild wie auf Seite 43.

 6. Wo sind die Eier? Frage deinen Partner.

Wo sind die Eier?